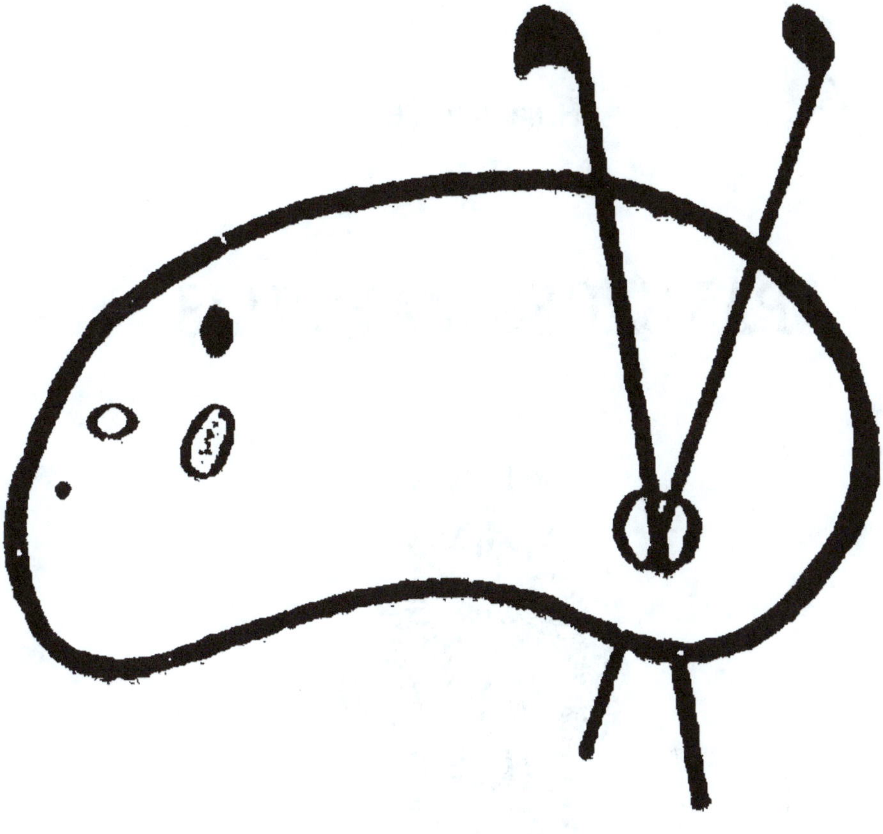

AF254093

INSTANTANÉS D'EXTRÊME-ASIE

Henri MYLÈS

PAYSAGES JAPONAIS

PARIS

BIBLIOTHÈQUE DE LA SOCIÉTÉ FRANCO-JAPONAISE

59, AVENUE DU BOIS-DE-BOULOGNE, 59

(Musée d'Ennery).

MDCCCCXII

PAYSAGES JAPONAIS

INSTANTANÉS D'EXTRÊME-ASIE

Henri MYLÈS

PAYSAGES JAPONAIS

PARIS
BIBLIOTHÈQUE DE LA SOCIÉTÉ FRANCO-JAPONAISE
59, Avenue du Bois-de-Boulogne, 59
(Musée d'Ennery).

MDCCCCXII

Temple shintoïste de Hatchiman à Kamakura.

INSTANTANÉS D'EXTRÊME-ASIE

PAYSAGES JAPONAIS

—

Vers Nagasaki, Août 191...

La mer est chatoyante comme une soie moirée. A l'horizon, les montagnes sveltes se dressent, aussi légères qu'une apparition. Elles se matérialisent peu à peu, révélant le contraste de prairies vertes et de forêts bleues, moins bleues que l'onde, plus sombres que le ciel. L'atmosphère est d'une profondeur infinie ; les nuages neigeux, crêpelés, d'un classicisme impeccable, exagèrent leur netteté et leur relief. La brise est à la fois fraîche et tiède : elle caresse et elle stimule. Changhaï est loin : on se sent revivre ; les âmes du purgatoire doivent éprouver la même sensation lorsqu'elles gagnent le paradis.

Le déclin du soleil fonce la mer et éclaircit le ciel. L'eau semble se durcir ; l'air s'atténue, fluide par delà la ligne brutale des flots.

La côte est plus proche. Au fond d'une baie, derrière les roches, un village. Le soleil fait étinceler les voiles blanches et l'écume des vagues qui se brisent. La buée falote a disparu. La lumière dessine les contours comme en Méditerranée. On comprend que le peuple qui habite ces îles soit plus voisin que les Chinois de notre pensée et de notre art.

Je m'éveille, entouré d'un cirque de montagnes. J'ai l'impression d'être au milieu d'un lac aux eaux vertes. Sur les pentes, les villas européennes, étagées en terrasses, ceintes de verdure. La ville japonaise accroche ses minuscules maisons de bois aux flancs abrupts d'un coteau. Les ruelles sont sinueuses et se prolongent fréquemment en escaliers. La brume se lève; les montagnes se découpent sur le ciel clair, avec les moindres détails des buissons ou des arbres.

Le navire quitte la baie. Les îles se succèdent, opposant le vert clair au vert sombre. Les unes s'élancent vers le ciel; d'autres s'arrondissent avec grâce; ici un rocher tout hérissé de pins tortueux se plonge dans la mer. Et c'est un décor toujours renouvelé, toujours verdoyant, aux lignes nettes : la lumière de Florence sur des feuillages somptueux.

De place en place, tapie dans un creux, une usine fume.

Kobé, 5 Août.

Au pied de montagnes aux cimes en roche blanche, étendue, à plat le long de la mer, Kobé brumeuse, vomissant de tous côtés une fumée noire.

Des navires anglais et japonais sont à l'ancre. Sur le port, une ville basse, bâtie à l'Européenne, avec des avenues plantées de saules, où se trouvent les banques, les Compagnies de Navigation, etc.

En arrière, les quartiers Japonais, les coquettes boutiques de pacotille, ou d'objets d'art. Les maisonnettes en bois, vraies maisons de poupées, sont rangées gracieusement parmi les touffes de laurier rose, de laurier blanc. Au rez-de-chaussée, une porte en barreaux minces, un plancher sur-élevé, garni de paille tressée, pour se coucher ou pour s'asseoir. Sortant d'un petit toit en tuiles grises, un premier étage avec un balcon. Le bois est au naturel : d'un jaune clair lorsqu'il est neuf, d'un gris souris lorsqu'il a été verni par le temps.

L'aspect des Japonais est plus agréable que celui des Chinois. On voit moins de figures intelligentes et affinées; en revanche les hommes ont une ossature régulière, une musculature robuste; les femmes sont gracieuses en leurs cotonnades claires; les enfants sont de gentilles poupées aux cheveux noirs coupés droit sur le front. Ils sont vêtus simplement, mais toujours avec goût et avec propreté. Le teint est plutôt brun foncé que jaune. Les pommettes sont souvent rosées.

Les boutiques n'offrent ni sculptures ni dorures, mais elles sont nettes et bien tenues.

A Kobé, les gens du peuple n'ont pas le regard vif des Chinois, ni la sveltesse des Annamites. Leur carrure est massive. Leur vigueur, ramassée, un peu nouée. Les attaches sont épaisses. De temps en temps, parmi les hommes très rares qui s'habillent à l'Européenne, on aperçoit une physionomie des plus expressives.

Les femmes portent toutes des kimono dont les nuances discrètes mais gaies se détachent sur les maisons grises.

Ici, le jardin d'un temple : camphriers majestueux, buissons d'altéas en fleurs, grenadiers chargés de fruits encore verts. A l'entrée, deux colonnes surmontées de lanternes en pierre, sans vitres. Au milieu, l'autel, sous un grand toit relevé, bordé de lampes en papier.

De grandes bannières violettes aux inscriptions d'or. Puis une troupe de porte-bouquets, vêtus de larges vestes écrues ou noires. Une cage dorée avec des colombes. Le bonze, assis dans un pousse-pousse et égrenant son chapelet. Des offrandes, des œufs, du lait. Enfin le cercueil sous une châsse couverte de dorures.

La rue monte. Les bannières flottent.

Ils s'avancent d'un pas rapide, dans le plus grand silence. Là-bas, des colonnes tronquées, étagées en terrasses, blanches, parmi les verdures. Devant chaque tombe, deux vases en pierre, garnis de feuillages. Un lieu de repos très calme, très doux, égayé de fleurs, ombragé d'arbres, d'où l'on voit la ville et la mer. C'est de là que le sage de Lucrèce pourrait contempler sans tristesse la vaine agitation des hommes. Une sorte de temple nu, dont la porte est gardée par deux monticules de terre; en entrant, par maladresse, je les effleure du pied. Un vieux bonze étique, accroupi sur le sol, se lève, remet soigneusement la terre, puis reprend sa méditation et son immobilité.

Dans la montagne, un ravin et une chute d'eau claire. Les sentiers sont frais et couverts par les branches. Des magnolias, des micocouliers, des pins sombres, d'autres plus clairs. On sent l'odeur de la sève; on entend le crissement des cigales. La brise mêle la saveur des pins à la salure de la mer. L'eau de la source est exquise. Si l'on se retourne, la ville, toute plate, hérissée d'arbres pittoresques; et, derrière la mer noirâtre, les montagnes lointaines.

*
* *

Kamakura.

Le Daibutsu (grand bouddha) est assis au fond d'un jardin, entre les collines d'où les pins jaillissent comme des fusées. Il semble aussi haut que les arbres, aussi haut que les collines. S'il se levait, il toucherait le ciel. Mais il est majestueusement immobile. Il médite, la tête inclinée, les deux mains sur ses jambes croisées. Sa poitrine est puissante et belle; son visage, harmonieux et calme. Sous ses paupières mi-closes, ses yeux contemplent l'infini.

Autour de lui, la nature mouvante, la chaîne ininterrompue de la vie, mais d'une vie gaie, active, sans la moindre lassitude. Quel contraste entre ces remuantes petites Japonaises au kimono fleuri. et la religion du Nirvanah. L'atmosphère n'est pas écrasante. La lourdeur du soleil, le parfum trop énivrant des plantes ne sont pas là pour engourdir le cerveau et paralyser la volonté. La brise marine, relevée par la senteur des pins, rend l'effort facile et gai. Point de ces floraisons dont l'odeur est vénéneuse et perfide : les arbres et les buissons, d'une merveilleuse variété, hérissant leur feuillage comme des plumes ou l'abaissant comme une chevelure, l'étendant au loin comme un toit, ou le dispersant en un pittoresque bouquet ; plantés droit comme des stèles, ou festonnés sur les pentes en guise de draperies, ont un air rassurant et sain, et semblent faits pour le repos des yeux après un long travail. Des sources limpides jaillissent entre les plantes. C'est le pays du labeur sans tristesse et de l'espoir.

Temples bouddhistes au milieu d'arbres nains. La porte est gardée par les Ni-o (1), l'un montrant les dents, l'autre fermant la bouche avec une grimace hideuse.

Le soleil reluit sur les poutres brunes que terminent des dragons aux fines découpures. Un flot de lanternes en papier, d'ex-votos. Les bonzes prient d'une voix traînante et se prosternent tour à tour. Ils ont la face rasée, desséchée, parcheminée et semblent quelques statues de bois. enlaidies avec amour. patinées par les siècles, auxquelles la caresse du soleil aurait donné la vie.

En haut de la colline, des temples shintoïstes, aux cours désertes, aux sanctuaires délaissés, dressent la régularité de leurs colonnes parmi la colonnade encore plus majestueuse des cèdres.

Un pont de pierre, — on dirait un pont de bois pétrifié, — franchit une eau pleine de lotus roses. Des arbustes, des arbres tordus. un icho (2) gigantesque, des marches, un temple rouge. C'est ici que l'on vénère Hachiman : le dieu de la guerre. De pacifiques pigeons mettent leurs nuances claires sur le portail. De petites Japonaises reluisent parmi les feuillages comme des porcelaines blanches et bleues. Tout est calme et accueillant ; tout est gai, riant : les arbres fleurissent ; les petites Japonaises sourient ; les pigeons arrondissent leur vol dans la lumière. Seuls les

(1) Les Ni-o, qui gardent la porte des temples bouddhistes au Japon comme en Chine, et sont chargés d'en écarter les mauvais esprits, ne sont autres que les dieux Indous Indra et Brahma. Ils ont une figure menaçante et grimaçante, et une taille surhumaine. Ils sont généralement criblés de boulettes de papier, que les fidèles leur ont jetées, en demandant la réalisation d'un souhait.

(2) Nom japonais du Gingko biloba. — Celui de Hachimangu, à Kamakura est particulièrement célèbre. En 1219 son tronc était déjà assez gros. pour dissimuler Kugyô, qui, poussé par la jalousie. guettait son oncle, le shogun Sanetomo, venu au temple pour une cérémonie d'actions de grâces. Tandis que Sanetomo descendait les marches, Kugyô bondit sur lui et le poignarda.

Le Gingko biloba, ou Salisburya adiantifolia, conifère, fut importé en Angleterre en 1784, et à Montpellier en 1788.

AMIDA (le Daibutsu de Kamakura). — Monastère de Koto Kuin.

Reproduction (demi grandeur) de la planche 410 du Recueil *Japanese Temples* and their Treasures,
édité, pour le compte du Département de l'Intérieur à Tôkyô, par la maison *Shimbi Shoïn*. — 1910.
Folio III : De la seconde période des Fujiwara à la période des Ashikaga.

canons et les obus pris aux Russes rappellent que cette race trapue et aimable sait combattre, mourir ou vaincre.

Derrière le temple, une collection d'armes primitives, depuis l'âge de pierre jusqu'à l'âge de fer. Des casques ornés de dragons, des miroirs, des laques, et des idoles. Une statue grossière de Hachiman, noir sur un cheval noir, épais, ramassé, l'œil terrible. Un kakémono représente un Bouddha noir entouré de quatre génies noirs. Benten, la déesse de l'amour, calme et indifférente, joue du shamisen, les jambes croisées. Elle a la face blanche, évidemment fardée, l'œil en amande, mais le front droit, le nez presque droit. Le type grec serait-il vraiment le type idéal et universel de la beauté?

Au flanc d'une colline, le temple de la Miséricorde (1), dominant la ville et la mer. De la terrasse, à l'ombre des cerisiers, on peut voir, parmi les verdures, les toits de tuile grise ou de chaume brun se perdre là-bas dans la chevelure hérissée des pins, s'arrêter ici devant le miroir bleu des flots.

Le jardin du temple a un air délicieusement antique, Il semble avoir toujours été là, comme cette cloche oblongue sous cet abri de chaume. comme ces deux aiguières que remplit l'eau du ciel.

Un grand toit de chaume sur des poutres sculptées, un entassement de bouddhas peints, d'ex-votos, figures d'un art naïf ou décadent; une immense lanterne en papier, un poisson de bronze soutenu par deux chaînes; au milieu, la déesse, toute dorée, tenant une branche de verdure.

Certaines statues sont d'un goût médiocre, mais cela vaut mieux que les stèles récemment élevées dans les temples de Yokohama à la mémoire des soldats morts.

J'ai voulu sonner la cloche — comme je l'avais vu faire déjà — pour appeler la divinité et la rendre attentive à ma prière; mais le traîneur-de-pousse qui m'accompagnait m'en a empêché.

Alors j'ai dit adieu à la déesse de la Miséricorde. La sérénité de sa demeure m'a rendu plus indulgent. Ici, on respire un peu la même atmosphère qu'en Italie; l'esprit y ressent la même souplesse légèrement rêveuse, la même impression de vie heureuse et brève; on y goûte la même saveur d'éternité : « Qu'importe telle ou telle fausse note; le concert du monde est bon. Il ne faut pas s'arrêter aux dissonances; il faut se laisser charmer et jouer sa partie de son mieux ».

*
* *

15 août 191...

C'est par mer qu'il faut entrer à Tôkyô.

Une côte basse et boisée dans la brume; des eaux jaunâtres, peu profondes, perfides. Sur les îles, de redoutables défenses.

---

(1) Hase Kwannon, déesse de la Miséricorde.

Le palais d'été se montre parmi les arbres aux larges cimes.

Puis, la rivière encombrée de jonques.

Voici le vrai Japon, moderne, mais resté Japonais : grandes avenues, bordées de maisons japonaises et sillonnées de trams électriques; un peuple gai, animé, vêtu à la japonaise, envahit les trams. Les boutiques offrent séduisants curios, pacotilles originales, et non point ces articles sans goût qui à Kobé ou à Yokohama poussent comme des champignons sous les pas du touriste Américain.

Nous avons dîné près de la rivière, accroupis devant une table basse. Notre salle-à-manger s'ouvrait toute vers l'eau sombre semée de lueurs. Les pluies avaient inondé le quartier où l'on s'amuse; là-bas, les traîneurs-de-pousses s'aventuraient à gué dans les rues fangeuses, et tournaient court, craignant de perdre pied. La brise délicieusement fraîche ajoutait aux gâteaux et au saké un nouvel arôme. Les servantes entraient en saluant jusqu'à terre, posaient devant nous de gracieux petits bols en porcelaine ou en laque; et s'étant agenouillées, elles versaient le vin-de-riz, déchiquetaient le poisson avec les baguettes d'ivoire (1).

Sur les hauteurs, de grands parcs parmi les étangs aux lotus roses. Les arbres sont des géants. Ils abritent de fragiles merveilles : les tombes des Shogun. Deux cours, bordées de portiques en bois peint, finement travaillé, conduisent au sanctuaire où l'âme demeure. Il est ciselé comme un bibelot, laqué comme un coffret. Un balcon léger à balustrade basse l'entoure. Dans la pénombre, l'autel avec les offrandes, les brûle-parfums, les lotus, les cigognes porte-cierges. Au fond d'une dernière cour, un escalier, une porte de bronze, ornée de dragons, de pins, d'érables en demi-relief. Le corps repose sous une stèle de pierre, terminée en forme de toit.

Certaines chapelles ont une colonnade intérieure, surmontée de panneaux découpés à jour : des oiseaux, des dragons, des fleurs de pruniers, des lotus, des paons, des sarcelles nichées dans les roseaux. Sur les murs en laque, les lions peints se détachent, plus ou moins mythiques d'allure, d'un mouvement et d'une technique parfaite. Les poutres sont sculptées, taillées en dos d'âne; ici, elles s'entrecroisent, encadrant les caissons d'écaille ou de cloisonné. La laque rouge, la laque d'or étincellent. Le bois se courbe et s'ajoure comme par miracle. C'est somptueux, surchargé, parfois criard : on a cherché le difficile, le rare, le curieux même, en sacrifiant l'harmonie et la sobriété (2). C'est du luxe et de la décoration plutôt que de la création.

Mais n'est-ce point un rêve que cette légèreté, cette fragilité, cet éclat, ces dentelures, et cette odeur de bois précieux et de laque ? On pardonne

---

(1) L'ordre d'un repas Japonais est à peu près le suivant : les gâteaux, puis les potages et les fruits salés, le poisson, enfin le riz qui est vraiment le plat de résistance.

(2) Ce qui est tout à fait rare dans l'architecture Japonaise, et s'explique ici par une recrudescence de l'influence Chinoise. Les tombeaux des Shoguns Ieyasu et Iemitsu, fondateurs de la dynastie des Tokugawa, à Nikko (Voir ci-dessous p. 13) sont bâtis avec la même magnificence, mais avec un goût délicieux. Ils sont du commencement du xviie siècle, tandis que les tombeaux situés à Tôkyô dans les parcs de Shiba et de Ueno, sont principalement du xviiie. En Europe, à la même époque, fleurissait le style baroque ou rococo.

à l'orient son exagération et son style ampoulé, parce qu'il éblouit, parce qu'il transporte hors du réel, parce qu'en vérité la nature elle-même a suggéré par une surabondante richesse ces formes bizarres, cette coloration violente.

Février 191..

Au centre de Tôkyô, les fossés et l'enceinte immense du Palais Impérial : grandes murailles grises, en ligne brisée, surmontées de pins pittoresques et sombres, de pavillons blancs très bas. — Dans le voisinage, il est défendu de bâtir les maisons en style Japonais. La cour ne fait aucune distinction entre les choses Européennes : ce qui vient d'occident est également digne d'être imité; les Japonais doivent ressembler aux hommes blancs le plus qu'ils peuvent. A cette doctrine, les marchands opposent leur esprit critique et leur bon sens: « Prenons, disent-ils, à l'Europe ses canons, ses machines, ses sciences; gardons nos mœurs, nos kimono, nos maisons, et notre art. » Et c'est ainsi qu'en dehors des gens de cour, une réaction se fait contre les hauts de forme et les vestons noirs. Japonais ou Japonaises garderont leurs gracieux costumes.

J'ai visité quelques sanctuaires. Shokonsha : longue avenue, torii en bronze rond, du plus pur style shintoïste, jardin avec des canons éventrés. C'est là que sont vénérées les âmes des soldats morts à la bataille. — Le Temple du Sage (Seïdo), aux piliers carrés, sobre et sévère, tout laqué de noir (La renaissance du Confucianisme au xviie siècle a produit un peu la même austérité que le puritanisme en Angleterre). — Kanda Miojin, dédié à un rebelle qui usurpa le titre de Mikado. A la porte, les Daïjin (1) veillent, accroupis, armés de l'arc et des flèches. Le torii en bronze, les pavillons de laque rouge, dominent la ville aux toits gris.

Le Temple de la Tortue (Kameïdo) (2), à l'ombre des camphriers, lance ses ponts cintrés au-dessus des étangs, parmi l'enchevêtrement des glycines.

Fukagawa no Fudo : pelouses avec rocailles; lanternes en bronze garnies de clochettes, dont les tintements chassent les esprits malins; pins parasols; glaives debout, la lame en l'air; portique à têtes de dragons; les ex-voto représentent de petites femmes en prières; derrière les gerbes de fleurs et les vases dorés, le dieu entrevu à la vague lumière des cierges.

Un quartier pauvre aux demeures basses; une ruelle bordée d'échopes, une grande porte à deux toits. Dans le vaste jardin, les tchaïa, les photo-

---

(1) Tandis que les Ni-o (voir plus haut) sont les gardiens des temples bouddhistes, les Ya-daijin, ou Zuijin, veillent à la porte des temples Shintoïstes, et en chassent les mauvais esprits.

Les temples shintoïstes sont précédés d'un portique très simple appelé Torii, et formé de deux poutres horizontales supportées par deux piliers. L'origine du Torii est assez mystérieuse : on suppose que le Torii n'était qu'un perchoir pour les oiseaux sacrés.

Le coq joue un grand rôle dans la légende Japonaise.

(2) Rappelons qu'un temple japonais bouddhiste ou shintoïste comprend toujours un ensemble de constructions, de pavillons et de galeries, dans une enceinte renfermant des cours et des jardins souvent très vastes.

graphes, les vendeuses d'oranges, les bouddha en pierre, une pagode rouge, carrée, à cinq étages, des pavillons, de petites chapelles. Le temple, rectangulaire, en bois laqué rouge, porte un seul toit à peine relevé. On entre sans se déchausser. L'intérieur est sombre, l'autel, mystérieux, avec ses lotus, ses lanternes allumées. Partout, les ex-voto, et les grandes lampes en papier. Des mousmé s'agenouillent, battent des mains, se frottent les doigts, en murmurant leurs prières. Les fidèles vont, viennent, sourient, s'attardent ou se pressent; les guéta taquent sur les talons, les kimono forment un kaléidoscope de couleurs mouvantes. Dehors, les oranges étincellent aux éventaires.

19 février 1911...

La lumière se fait sur le sol couvert de neige, sur la verdure sombre des pins. Là-bas, le Fuji neigeux, aux lignes sobres, se détache, à peine bleuté. Le ciel blanchit, les pins noircissent, et le Fuji se teinte de rose pâle.

Le Japon est comme ces femmes qui au premier abord ne vous paraissent qu'agréables, et qui peu à peu vous attachent par des liens insoupçonnés.

**

24 août 1911...

Kyóto est vraiment la Florence Japonaise, belle et riante parmi des montagnes lumineuses.

C'est une cité d'autrefois, mais qui n'est point morte. Aucune dissonnance moderne ne vient troubler l'harmonie du style, sauf les fils télégraphiques qui projettent au-dessus des maisons leur toile d'araignée. La légèreté de la lumière, la pureté de l'air, tout prédispose à un art sobre, net, spirituel dans sa simplicité. La race est fine et intelligente. Le type est plus pur (1), et les profils plus marqués. Les traits s'amincissent sur les visages. Les attaches sont moins grosses, les gestes plus gracieux. Les gens du peuple eux-mêmes sont d'une courtoisie raffinée.

L'architecture reflète les qualités de la nature et les qualités de la race. Elle est sobre et harmonieuse. Au dehors, le bois naturel, relevé seulement de peintures blanches, ou de plaques noires incrustées d'or. Mais quelle finesse! La porte extérieure de Nishi Hongwanji présente une den-

(1) Voir plus haut, p. 2

En raison de la multitude de ses sanctuaires et de l'importance de ses sectes religieuses, Kyóto a été appelée parfois la Rome du Japon, les bouddhistes y possèdent environ trois mille temples : les Mikado y résidèrent jusqu'en 1868.

Paysage par SESSHIU. — Monastère de Manshuin.

Reproduction (demi-grandeur) de la planche 529 du Recueil *Japanese Temples and their Treasures*, édité, pour le compte du Département de l'Intérieur à Tôkyô, par la maison *Shimbi Shoin*. — 1910. — Folio III : De la seconde période des Fujiwara à la période des Ashikaga.

telle de fleurs et de personnages. Nishi Otani essaime ses pavillons gracieux dont les doubles toits s'envolent. La façade de Higashi Hongwanji est grandiose et vaste. Perché entre une cime et un ravin, Kiomitzu regarde, au-dessus des toits brumeux, la courbure des montagnes. A ses pieds, noyé dans la verdure, un portail de pierre surmonte un autel, et divise une source en trois jets parallèles. Pour prier, Japonais et Japonaises se mettent en chemise sous l'eau froide et demeurent, les mains jointes, l'étoffe les moulant par petits plis, immobiles. Dans le demi-jour des arbres, on croirait que le portail s'est garni de caryatides.

La lumière est si caressante, l'atmosphère est si douce, que la peinture et la sculpture devaient fleurir. Comme l'architecture, elles ne furent d'abord qu'une bouture chinoise. Longtemps, les peintres japonais animèrent leurs paysages de personnages chinois. Les kakémono chinois du musée (Kyôto), plus anciens que les œuvres japonaises, offrent la même technique et aussi parfaite. Si l'art japonais a eu de la peine à se dégager des formules bouddhistes ou chinoises, il est impossible de lui refuser une existence indépendante, une originalité créatrice. Il a su donner la vie avec une extraordinaire intensité. Il l'a donnée, non seulement aux hommes et aux animaux, mais aux fleurs et aux arbres. Le bonze accroupi de Kokei (musée de Kyôto) peut être opposé à n'importe quel chef-d'œuvre de l'art occidental. Le regard est pénétrant, le visage brille d'intelligence, l'anatomie est admirable. Une peinture assez primitive (même musée), intitulée : « le Nirvanah du Bouddha », rassemble autour d'un corps inanimé toutes les expressions de la douleur humaine; il n'est pas jusqu'aux lions, aux biches et aux oiseaux, qui ne portent sur leur physionomie et même dans leur allure les marques d'un chagrin profond et naïf. Si les mille statues dorées du San-ju-san-gen-do sont uniformément figées dans une pose hiératique et traditionnelle, les dieux grotesques (même temple) sculptés par Unkeï ont une souplesse de geste, et une variété d'expression à défier les plus grands réalistes. — Dans les appartements (1) de Nishi Hongwanji, un minuscule cabinet est garni de panneaux peints en couleur sur fond d'or : ici, une chevauchée s'éparpille à la poursuite des bêtes les plus diverses; à gauche, les cavaliers s'avancent au pas, tandis que là-bas, à l'arrière-plan, on prépare un festin. L'intensité de la vie, le mouvement et la variété des attitudes font songer à Téniers. Il est impossible de mieux allier le réalisme à la fantaisie. Dans la salle des cigognes (2), les personnages debout près d'un souverain sur son trône, par leur majesté sans raideur, par la

---

(1) Les temples japonais, comme les temples chinois, comprennent non seulement un ou plusieurs sanctuaires, mais aussi des appartements réservés aux bonzes.

(2) Ou plus exactement des « grues » : (Tsurunoma). Ainsi dénommée à cause des grues sculptées dans le ramma par Hidari Jingoro; cette salle est la plus somptueuse et la plus vaste parmi les appartements de Nishi Hongwanji. Une reproduction très remarquable en a été offerte à la France par l'Association des Exposants de Kyôto à la Japan British Exhibition de Londres (1910). A la suite des démarches de la *Société Franco-Japonaise*, et grâce à la très heureuse intervention de M. GUIMET, cette œuvre d'art vient d'être installée dans d'excellentes conditions au Musée d'Histoire des Religions, à Lyon. Nous espérons qu'elle sera bientôt livrée à l'admiration du public. Les peintures ont été très exactement copiées d'après les originaux de Kanô Tan-yû, et de Ryôkei.

composition sobre, rappellent l'art florentin. — A Chioin-in, un vaste paysage en noir et blanc : à gauche, la mer, une barque, impression de calme ; des collines en pain de sucre, aux sommets très arrondis, jaillissent de la plaine unie ; au premier plan et à droite, des arbres, un pavillon ; le tout presque aérien. Le maximum d'effet avec le minumum d'effort. On ne saurait imaginer un art plus savant. Dans les autres chambres, un Chinois à la face terrible, chevauchant un tigre majestueux, la queue sinueuse ; et sur fond d'or, des fleurs, des cigognes, gracieusement posées, des moineaux perchés sur des branches tordues et qui semblent se détacher en relief, et vivre. Les oiseaux sculptés parmi les feuillages au château de Nijo, et à Nishi Hongwanji, ont la même souplesse, les mêmes couleurs vives. Ce sont des coqs, des paons faisant la roue, des sarcelles, des cigognes en plein vol. Les œuvres qui ornent à Tôkyô les tombes des Shoguns sont moins naturelles et moins vivantes.

La décoration intérieure est aussi de meilleur goût à Kyôto. Dans les temples, la simplicité du plafond et des murs fait mieux ressortir les dorures de l'autel. A Nishi Hongwanji, les colonnes et les poutres de cyprès contrastent avec les lanternes en bronze découpé, aux dessins étranges, avec la table des offrandes, en laque rouge, aux bords relevés ; avec le tabernacle laqué noir et or. A Chioin-in, les chandeliers en forme d'ibis, les lotus en métal doré tranchent sur le bois grisâtre. Près de l'entrée, un brûle-parfums carré, d'un art ancien, d'une belle ligne. La bonzerie de Nishi Hongwanji, le château de Nijo étendent leurs salles majestueuses, grandies par l'absence de meubles, et révèlent dans le demi-jour le mystère de leurs peintures sur fond d'or, la diversité de leurs plafonds où les solives se croisent, plaquées de métal, incrustées d'or, encadrant des fleurs, des animaux, des ornements aux couleurs vives. C'est riche, mais sans surcharge et sans excès.

Le fleuve plat, sablonneux, se couvre de plate-formes basses, où l'on s'accroupit pour boire le thé. Une sorte de foire encombre les berges. Les lampes de papier brillent en longues lignes sinueuses parmi l'eau sombre. Un ciel lunaire, presque pâle, laisse deviner la masse opaque des collines piquées de lumières, la saillie pittoresque des arbres.

Danse de guécha, très chaste sous les longues draperies raides et amples. Une ou deux figures vraiment fines. Ondulations de poupées, effet d'éventail. Attitudes gracieuses se succédant sur des airs mélancoliques, archaïquement simples, en mineur. Voix grêles et parfois aiguës, de la déclamation scandée et traînante plutôt que du chant. C'est mignard et exotique, oriental sans lasciveté, et l'on resterait des heures à rêver, allongé sur sa natte, en regardant ces frêles marionnettes.

Elles étaient sauvages et apeurées comme de jeunes chattes, mais je commençai à leur dire la bonne aventure, et toutes, anxieuses, me présentèrent aussitôt leurs mignonnes mains.

Des rizières vert tendre, absolument unies, les montagnes surgissent à angle vif, comme elles sortiraient de l'onde ; elles sont assombries par les

Sur les bords du Kamogawa à Kyôto. — Guecha prenant le frais.

Extrait de l'*Album Illustré*, publié par les Chemins de fer Impériaux du Japon, à l'occasion de l'Exposition Anglo-Japonaise de Londres, 1910.

ombelles des pins, par les cimes des cèdres, éclaircies par les plumets légers des bambous.

De temps à autre, un large fleuve plat, sablonneux, sans vallée.

Très rapprochés, comme aux environs de Yokohama, très propres, mais avec moins de toits de chaume, les villages jettent une note pittoresque, parmi leurs arbres tortueux, et leurs bambous touffus.

Osaka, toute basse sur la plaine, élève la forêt de ses cheminées fumantes.

La rue des théâtres à Kobé, le soir. Lampions, illuminations ; des piétons plein la chaussée. La foule joyeuse, en fête ; toutes les petites Japonaises aux kimono clairs ou sombres rient comme des folles. Gaieté saine et sans ivresse, exubérance d'un peuple sobre, artiste, que tout amuse et réjouit.

Février 191...

Le soleil disparu met à peine une rougeur derrière les montagnes ; la mer est claire, avec des ombres noires. Les barques, les voiles, les mouettes glissant au ciel mettent sur sa pâleur des notes foncées. C'est tout un paysage en grisaille, tracé par le pinceau de quelque artiste japonais, et où seules les différences d'intensité, du gris au blanc, du noir au gris, produisent les effets les plus souples et les plus saisissants.

Kobé, dans un brouillard opaque et froid, semble un monde de fantômes. Les montagnes disparaissent ; la ville reste, et l'on s'y perd. Le port est comme un enfer humide, où les sampans glissent funèbrement, où les grands steamers seraient enchaînés à jamais.

Je suis retourné à Kyôto. Les peintures de Nishi Hongwanji dorment dans la pénombre. Pas un rayon de soleil pour éveiller leurs dorures, pour faire vivre leurs fleurs, respirer leurs feuillages. Les rues sont désertes. Kiomitzu, à peine visité par quelques dévots, a un air misérable de bois mouillé ; il est suspendu au flanc de la montagne enfeuillée, comme un triste rêve sur un océan de brouillard. Un dieu malin n'a-t-il pas ravi à Kyôto une des perles de sa parure, pour l'accrocher en quelque coin perdu du ciel ? Sous les balustrades en bois, un grand trou de brume figée ; vainement je cherche l'infini des toitures grises parmi les branches, et tout au loin la ligne amoureusement ondulée des vertes collines.

Le charme est rompu : le soleil est venu toucher de sa baguette les cités endormies. Le château d'Osaka incline sa cyclopéenne muraille, cerclée d'onde, parmi la verdure mate des pins ; il étale la blancheur de ses pavillons bas sous les toitures sombres, et regarde au loin la montagne, fier de sa force.

La lumière caresse les portiques des temples, les formes agitées des arbres.

La pagode de Tennoji domine la ville grise, coupée de canaux, hérissée de cheminées, encadrée de jardins, immensément étendue jusqu'au pied des collines. Elle est svelte, avec ses cinq étages, ses toits carrés, ses poutres à têtes de dragons émergeant d'une frise de nuages. Autour d'elle, des pavillons, des cloches, des pins tordus, des camphriers fantastiques.

*
* *

J'ai revu des guécha, chez un ami. Elles ont dansé de leur pas svelte, et chaste, avec leur visage immuable d'Asiatiques et leurs gestes de poupées. La même musique lente, grave, aux notes tristes. C'était presque une danse sacrée. Ainsi devaient évoluer les vierges aux Panathénées, mais le costume drapé dissimulait moins les formes. Ici, des plis raides, qui se cassent et ne s'assouplissent point. Les musiciennes restent accroupies, pinçant les cordes des shamisen, ou frappant avec la main de minuscules tambours.

Après le concert, elles sont venues vers nous comme une bande d'oiseaux familiers mais discrets, sans aucune espèce d'effronterie ni d'impudence. Le piano surtout les intriguait. Elles ont voulu entendre des airs d'Europe. Puis posant leurs menus doigts sur l'ivoire, elles ont essayé de reproduire les mélodies japonaises : le monstre de bois sonore n'était pas fait pour leur délicates et archaïques chansons. Un clavecin eût mieux valu. Mais leur oreille était habile à reconnaître les sons et à retrouver les rythmes.

9 février...

Dans les montagnes, vers Moghi. Un ravin presqu'à pic parmi les pins sombres et les camphriers plus clairs. Tout au fond, sous une brume pâle, d'autres montagnes, blanchies par les reflets de la mer.

Un délicieux village en bois, aux ruelles sinueuses.

Le premier étage de ma tchaïa domine la baie. La servante est une petite Japonaise aux joues roses. La flamme des réchauds caresse doucement les doigts; on respire l'arôme du thé; entre les châssis de papier, on aperçoit les flots où se profilent des arbres pittoresques.

Deux vieilles Américaines, avides de dévorer, font irruption et réclament vainement des langoustes.

En revenant, à un détour du chemin, Nagasaki aux toits gris, accroupi entre les collines près d'une eau brillante comme du métal. Derrière l'ondulation des montagnes, au loin, des rougeurs de soleil.

La nuit vient. Le couchant met ses reflets d'or sur la mer argentée. Les montagnes se détachent en sombre sur la transparence du ciel. Elles se parent de lumières scintillantes dans le demi-jour.

Cour à l'entrée des temples de Nikko.

Extrait de l'*Album Illustré* publié par les Chemins de fer Impériaux du Japon, à l'occasion de l'Exposition Anglo-Japonaise de Londres, 1910.

La nuit vient toute, et seule, la lune perpendiculaire jette une clarté fantomatique parmi les rochers et la mer.

10 février...

La mer d'un bleu profond, le ciel d'un bleu très pâle. Les montagnes grises, semées de pins noirs, sortent de l'onde. Il y en a qui montent droit comme des flammes, d'autres qui s'élancent en tourbillons. Celles ci ondulent comme des vagues; celles-là se replient, telles des voiles soulevées par le vent. Les arbres s'accrochent, deci delà, inclinés, contournés, tordus et leurs branches semblent se fuir ou s'aimer. On dirait qu'après une gigantesque tempête, une fée a immobilisé leurs gestes pour jamais.

8 août...

Yokohama. La cité Européenne, près de la mer. Des rues japonaises grimpant sur les collines; des temples d'où l'on aperçoit le Fuji Yama, la ville basse, les flots. Partout des criques, restes d'un ancien marais. Les montagnes sont moins hautes qu'à Kobé, mais plus boisées.

Un train Japonais : les banquettes s'adossent aux quatre parois du wagon. Les hommes en kimono, fumant la pipe ou la cigarette; les femmes avec des paquets. L'une, blonde, le teint rosé, mais les yeux en amande, évidemment une métis.

La campagne présente des collines ombragées de pins, des vallées toutes vertes de riz. Les maisons des villages n'ont guère qu'un rez-de-chaussée et un toit de chaume; elles ont un aspect correct et propre.

Au loin, très loin, une ondulation d'un bleu moins fluide que le ciel, moins intense que la mer : l'île d'Enoshima.

19 février...

Voici Nikko. Le pont laqué de rouge s'élance du roc au roc au-dessus du torrent, et rivalise de souplesse et de grâce avec un lointain de montagnes blanches. Sur l'éclat sanglant de la laque, l'éclat immaculé de la neige. D'un côté, trois pointes hardies, blanches, garnies d'arbres dénudés, comme d'un duvet. A droite, sombres sous le ciel limpidement bleu, les cryptomérias au tronc droit. Parmi leur colonnade sublime, les tombes et les temples.

Les enfants reviennent de l'école, avec une gaieté précieuse et distinguée. De longues robes à fleurs donnent à leurs gestes une amusante gravité. Ils sautillent sur leurs guéta, se suivent sans se poursuivre, rient sans éclats, sont espiègles sans malice. La bonne humeur et la santé animent leurs visages fins; la sérénité de l'Asie adoucit leurs yeux.

Les cèdres semblent des candélabres gigantesques, aux branches arrondies. Ils dominent les pavillons, ajourés et ciselés comme des bijoux, dont les nuances se fondent et s'irisent sous la neige ensoleillée : le temple des trois bouddhas (Sambutsu), très sobre de ligne et de couleur, avec son double toit à peine relevé, et son sorinto (1) de bronze noir ; Iemitsu, austère en son enceinte noire, finement découpée, gardée par un dieu bleu, un dieu rouge, un dieu vert ; Ieyasu, son pourtour laqué de rouge, sa pagode élancée, à demi cachée par les feuillages, ses portes dignes des Mille-et-une-Nuits, ses sanctuaires où dragons et phénix regardent dans le demi-jour, prêts à bondir en quelque danse de rêve.

Comment une telle richesse de sculptures, de ciselures, de couleurs, peut-elle rester harmonieuse ? La proportion des détails est admirable. Chaque portail, chaque pavillon est conçu dans une tonalité dominante qui absorbe les nuances plus claires. L'or rehausse discrètement la laque noire. Il se prodigue sur le rouge, venant se fondre dans son éclat. Le vert clair, atténué par des sinuosités blanches, souligne l'envers des toits noirs au faîte d'or. De somptueux ornements sont assagis par une teinte grise. Le bleu pâle se mêle de blanc pour mieux se marier au rouge. Enfin la neige jette sur l'ensemble sa clarté, et poudre les dorures.

Loin des temples, dans la montagne, les tombes solitaires, avec leur portail, leur colonne en bronze et les hautes silhouettes des arbres. C'est là que sont ensevelis Ieyasu et Iemitsu, tandis que leurs âmes, sur les autels magnifiques, respirent l'encens et savourent les offrandes. Ont-elles perdu, dans un bonheur supra-terrestre, jusqu'au souvenir de leur gloire mortelle ; oublié les luttes victorieuses, les vassaux domptés, le Japon unifié, les doctrines occidentales anéanties, et la floraison des lettres et des arts ? Ont-elles frémi lorsque le dernier Tokugawa dut abdiquer le pouvoir aux mains du Mikado ; tressailli de joie, lorsque les armées du Soleil Levant ont traversé la mer, par deux fois triomphantes, devant l'univers émerveillé ?

Le soleil s'incline. Il reluit sur la laque rouge, parmi la neige, sous les feuillages sombres. Il teinte de rose l'horizon pâle. Peu à peu, la lumière s'éteint, et la neige bleuit dans l'obscurité du ciel.

*
* *

L'art japonais semble, plus encore que l'art chinois, s'être approché de la vie. Il est plus aérien, plus léger, plus délicieusement fantaisiste. Comme l'art français, il a de la finesse, de l'esprit, le sens des nuances et de la mesure.

Son originalité vraie, c'est de prolonger la nature. L'architecture complète les montagnes et les forêts ; elle se façonne à leurs proportions, se

---

(1) Le sorinto est une haute flèche en bronze, reliée par des barres transversales à quatre piliers bas, également en bronze. Le sommet est doré et garni de clochettes, dont le tintement doit chasser les mauvais esprits. Le sorinto, posé sur un socle en pierre, se trouve dans l'enceinte du temple.

soumet à leurs caprices, s'inspire de leurs étrangetés. Elle recherche les sites pittoresques, pour y marquer discrètement et avec respect la présence de l'homme. Les peintres copient fidèlement, sans être serviles. Ils nous donnent des paysages dégagés des lois de la pesanteur et de la distance, immatériels, comme spiritualisés, mais où l'âme du Japon reflète ses moindres détails. Si à Chioin-in, nous tournons le dos aux peintures des Kano, nous apercevons les arbres majestueux, la lumière légère, les lignes nettes, comme dans les paysages des maîtres. Sur les laques les plus menues, sur les moindres cloisonnés, les fleurs ont le même éclat, la même transparence que parmi les jardins.

Deux dangers menacent ces belles traditions : l'industrie et l'américanisme. Souhaitons que les Japonais, au lieu de satisfaire le mauvais goût tapageur des touristes Yankees, s'adressent à la clientèle française. L'art français et l'art japonais ne peuvent que gagner l'un et l'autre à mieux se connaître et à mieux s'aimer.

Le Fuji vu de Yuigahama, Kamakura.

INDEX